# Spruchreife Gedanken

Aphorismen - Sprüche - Zitate
Ansichten und Standpunkte

**Alle Texte, Satz und Layout:** Karin Heinrich
www.gedichtschatulle.de

**Covergestaltung:** Karl Miziolek
www.karlswortbilder.wordpress.com

**Bibliografische Information der
Deutschen Nationalbibliothek:**
Die Deutsche Nationalbibliothek verzeichnet diese
Publikation in der Deutschen Nationalbibliografie;
detaillierte bibliografische Daten sind im Internet über
http://dnb.dnb.de abrufbar.

© 2017
Herstellung und Verlag: BoD – Books on Demand,
Norderstedt

**ISBN: 9783744871617**

# Karin Heinrich

# Spruchreife Gedanken

Aphorismen - Sprüche - Zitate
Ansichten und Standpunkte

## Zum Inhalt

Bewusst wurde auf eine strenge thematische Einord-
nung verzichtet. Nacheinander folgen verschiedene
Kurztexte aus allen Lebensbereichen. Die Reihenfolge
entspricht keiner Wertigkeit.
Ob man die einzelnen Beiträge, die lediglich die sub-
jektiven Gedanken der Autorin widerspiegeln, als
Aphorismen, Sprüche oder eher als Zitate bezeichnen
kann, ist unwesentlich.

Die Autorin entdeckte erst als Rentnerin ihre Liebe zu
diesen kleinen literarischen Formen und begann, ihre
Gedanken in Spruchform aufzuschreiben. Hier finden
Sie eine Auswahl aus ihrer inzwischen umfangreichen
Sammlung.

❧❧❧

Sprüche sollen in der Regel kurz, treffend und
aussagekräftig sein. Ob das in jedem Fall gelungen ist,
mag der Leser entscheiden.

*Zwei Hände, die zupacken können,*
*ein Kopf, der denken kann,*
*damit lässt sich im Leben etwas anfangen.*
*Aber nur wenn das Herz mitspricht,*
*wird aus einem guten Anfang*
*auch ein gutes Ende.*

*Erst wenn sich zwei nicht mehr gegenseitig*
*„erziehen" und ändern wollen,*
*kommen sie gut miteinander aus.*

*Wenn zwei das Gleiche sehen,*
*müssen sie nicht unbedingt auch*
*die gleiche Sichtweise haben.*

*Es ist nicht so wichtig,*
*was andere über dich denken.*
*Du musst vor dir selbst bestehen.*

*Sammle all deine glücklichen Momente*
*und füge sie zum bunten Mosaik*
*auf der Habenseite deines Lebens!*

*Keiner kann gänzlich seine Fesseln abstreifen,*
*aber jeder sollte sie ab und zu ein wenig lockern.*

*Das Leben ist keine vergebliche Aufgabe,*
*aber eine Kunst.*

*Wer mit beiden Beinen fest im Leben steht,*
*den wirft so schnell nichts um.*

*Manche dreschen nur leeres Stroh.*
*Aber wenn dieses als geballte Ladung auf dich*
*zukommt, kann es dich glatt erschlagen.*

*Lügen haben kurze Beine,*
*mit denen mancher weit kommt.*

*Wenn du endlich alle Prüfungen bestanden*
*und das Diplom in der Tasche hast,*
*beginnen die unzähligen Prüfungen*
*des Lebens.*

*Wer am besten schleimen kann,*
*gewinnt.*

*In Krisenzeiten können selbst denen*
*die Felle davonschwimmen, die sie zuvor*
*anderen über die Ohren gezogen hatten.*

*Krise zeichnet unsere Tage.*
*Wertvolles verflüchtigt sich.*
*Am Ende bekommt der Kleine*
*den wertlosen Rest.*

*Ein Staat,*
*der nicht wirtschaften kann,*
*weiß sich zu helfen.*
*Er verstärkt seine  kriminelle Energie,*
*um dem kleinen Mann*
*in die Tasche zu greifen.*

*Senkrechtstarter wissen genau,*
*was es oben zu holen gibt.*

*Wer sein Geld zum Fenster hinauswirft,*
*muss sich nicht wundern,*
*wenn es der Wind davonträgt.*

*Heutzutage existieren alle*
*technischen Möglichkeiten,*
*jede Lüge dokumentarisch*
*glaubhaft zu machen.*

*Politikstreit produziert Schlamm*
*und darin findet die Bescheidenheit*
*keinen Boden mehr.*

*Nimmst du dir die Zeit,*
*das Unrecht im Rechtsstaat zu benennen,*
*wird dein Hals vom langen Reden wund.*

*Wer das Leben und sein Umfeld*
*nur durch eine rosarote Brille betrachtet,*
*wird früher oder später an seinen*
*irrealen Wahrnehmungen scheitern.*

*Wer die Zersplitterung der Kräfte zulässt,*
*die für den Fortschritt streiten,*
*muss sich nicht wundern,*
*wenn der Erfolg ausbleibt.*

*Auch gut verschlossene*
*und gehütete Geheimnisse*
*kommen irgendwann ans Licht.*

*Diejenigen, die keine Arbeit finden*
*trotz endloser Suche und Mühen,*
*befinden sich im strudelnden Sog nach unten.*
*Vergessen, unverstanden und unbeachtet*
*höhlen sie Lebenszeichen in ihren Abgrund.*

*Lache keinen Verlierer aus!*
*Sein Weinen könnte in*
*deinen Ohren bleiben.*

*Einige, die Arbeit haben, ersaufen darin,*
*einige, die keine haben, saufen.*

*Von oben kannst du alles besser überblicken.*
*Wie kommt es aber, dass diejenigen,*
*die ganz oben sind, den Überblick verlieren?*
*Weil sie dort oben den Boden*
*unter ihren Füßen nicht mehr spüren.*

*Das Recht*
*arbeitet seit jeher träge und langsam –*
*fern der Gerechtigkeit.*

*Depressionen wachsen*
*aus den Schatten der Gesellschaft.*

*Seit meiner Jugend träume ich*
*vergeblich davon, eine Aufgabe*
*könnte einfach geworden sein.*

*Falls du vergisst, während*
*der Lehrzeit zu fragen,*
*holen dich die Fragen*
*im Leben wieder ein.*

*Ich gestehe, dass ich begierig*
*hinter dem Gelde her bin.*
*Es ist zu schön,*
*es an einen zu verschenken,*
*dem es daran mangelt.*

ക്കക്ക

*Banken waschen die Millionen.*
*Und du stehst als Kamel vor ihrer Tür.*

ക്കക്ക

*Wenn die Beutel ohne Geld sind,*
*musst du es aus den Truhen holen.*

ക്കക്ക

*Wer im Geld schwimmt, schluckt kein Wasser.*

ക്കക്ക

*Geld spielt nur bei denen keine Rolle,*
*die es haben.*

ക്കക്ക

*Wer seinen Sohn nicht davon abhalten kann,*
*in den Krieg zu ziehen, riskiert,*
*eines Tages um einen Mörder zu weinen.*

*Krieg ist ein Schauspiel,*
*das trotz der Bombenerfolge durchfällt.*

❧❧❧

*Krieg ist das ungeeignetste Mittel, Frieden zu schaffen.*

❧❧❧

*Gäbe es nur einen einzigen*
*unfreiwilligen Arbeitslosen,*
*so ist für mich die Gesellschaft,*
*die solches zulässt, inakzeptabel.*

❧❧❧

*Wer keine Arbeit hat,*
*spürt die Enge seiner Freiheit.*

❧❧❧

*Wer keine Zeichen setzen kann,*
*sollte nicht vorangehen.*

❧❧❧

*Heutzutage, wo alles um den*
*höchstmöglichen Profit geht,*
*kannst du nur noch das Obst und Gemüse*
*aus dem eigenen Garten ohne Bedenken essen.*

*Kinder gehen zur Schule,*
*um Fehler zu machen,*
*aus denen sie lernen.*

∼∼∼

*Ein Lehrer muss wie kein anderer*
*selbst noch ein großes Kind sein.*

∼∼∼

*Hin und wieder ist es nützlich,*
*Fehler zu machen, doch sollte man*
*dieselben nicht wiederholen.*

∼∼∼

*Eltern können ihre Kinder*
*nicht ein Leben lang beschützen,*
*aber sie mit viel Liebe, Geduld,*
*Umsicht, Fürsorge und Mühe auf ihr*
*eigenständiges Leben vorbereiten.*

∼∼∼

*Entscheidend sind nicht Größe*
*und Ausstattung der Kinderstube,*
*sondern die Wärme und Geborgenheit,*
*die man darin empfängt.*

*Ein guter Lehrer stellt sich jeden Tag*
*selbst auf den Prüfstand.*

❧❧❧

*Kinder brauchen eine Perspektive*
*und nicht erst morgen Liebe und Tat.*

❧❧❧

*Mit einer glücklichen Kindheit hast du*
*das große Los für ein ganzes Leben gezogen.*

❧❧❧

*Kinder brauchen nicht nur Essen, Trinken,*
*Kleidung und eine warme Stube, schon gar nicht*
*einen ständig erhobenen Zeigefinger,*
*aber viel Liebe, Vertrauen, Achtung,*
*Forderung und Konsequenz,*
*außerdem viel Zeit, Buntheit, Fröhlichkeit*
*und öfter ein kleines Lächeln.*

❧❧❧

*Bei der Bahn regeln hochentwickelte technische*
*Systeme die Streckenführung eines Zuges,*
*aber für seinen Lebensweg muss jeder*
*selbst die Weichen stellen.*

*Voreinander lernen – jeder von jedem!*
*Kinder von Erwachsenen und umgekehrt.*

കൈകൈ

*Bei richtiger Erziehung und umfassender Förderung*
*ist es selbstverständlich, dass Kinder*
*über ihre Eltern und Großeltern hinauswachsen.*

കൈകൈ

*Wer oft zweifelt, denkt viel.*

കൈകൈ

*Wer von Jugend an Sprachen lernt,*
*erreicht jedes ferne Ufer.*

കൈകൈ

*Ehe aus Kindern Leute werden,*
*fließt viel Wasser ins Meer.*

കൈകൈ

*Wenn ein Bildungswesen die Lehrer mit einer Fülle*
*unsinniger Aufgaben überhäuft,*
*dass ihnen nicht ausreichend Zeit und Kraft*
*für die eigentliche Arbeit am Kind bleibt,*
*dann taugt es nichts.*

*Hüte die kleinen Augenblicke*
*der Wärme und Herzlichkeit,*
*so dass daraus die großen*
*Augenblicke wachsen können.*

*Mancher Bratfisch*
*liegt zu lange in der Röhre,*
*mancher Backfisch zu lange vor der Röhre.*

*Erfolge gedeihen nicht durch Begabung allein.*
*Zuvor steht die Mühe.*

*Die Jugend ausklammern,*
*ihr keine Aufmerksamkeit zeigen,*
*ihr keine sinnvollen Aufgaben stellen,*
*es an Liebe, Achtung, Forderung und Konsequenz*
*sowie an Vertrauen in ihre Entwicklungsfähigkeit*
*fehlen lassen – eine tickende Zeitbombe.*

*Wenn Kinder beizeiten gelernt haben,*
*für andere Sorge zu tragen,*
*braucht dir um sie nicht bange sein.*

*Der Erdverwachsene, Bodenständige,*
*kann es sich leisten, hin und wieder*
*über den Wolken zu sein.*

❧❧❧

*Zu Unrecht werden oft jene zu wenig beachtet,*
*die am Rande stehen.*

❧❧❧

*Von allen Lügen ist die schlimmste,*
*die man sich selbst glaubhaft machen will.*

❧❧❧

*Äußere Verletzungen heilen schnell.*
*Eine verletzte Seele braucht zur Heilung länger.*

*Zehn gütige Worte sind eine Kleinigkeit,*
*doch riesig ihre mögliche Wirkung.*

❧❧❧

*Ob du dich einsam fühlst oder nicht,*
*hängt nicht von der Anzahl der Leute ab,*
*die dich umgeben.*

*Lieber ein paar Haare verlieren*
*als gleich den ganzen Kopf.*

*Der rechte Augenblick ist meist der jetzige.*

*Einer, dem das Wasser bis zum Hals steht,*
*braucht ihn wenigstens nicht täglich zu waschen.*

*Manche verdienen mehr als sie verdienen.*

*Zu viel Rum – mit oder ohne h –*
*ist schon vielen nicht gut bekommen.*

*Willst du dem Mangel entfliehen,*
*ist Bildung die erste Pflicht.*

*Wenn das Wissen Wurzeln schlägt,*
*flüchtet die Unwissenheit.*

*Beklage das Leben nicht, repariere es!*

❦❦❦

*Auf dem Weg nach oben können manche*
*den Hals nicht voll genug kriegen.*

❦❦❦

*Nicht jedem ist es vergönnt,*
*einen goldenen Fisch an Land zu ziehen.*

❦❦❦

*Heutzutage ist das Klima*
*aufgeputzt wie eine Hure.*
*Egal zu welcher Zeit – immer auffällig,*
*immer aus dem Rahmen fallend.*

❦❦❦

*Gar mancher*
*will hoch hinaus und merkt zu spät,*
*dass er unten bei seinesgleichen*
*besser aufgehoben gewesen wäre.*

❦❦❦

*Die mit allen Wassern Gewaschenen*
*sind meist nicht ganz sauber.*

*Eine Seuche der Gegenwart ist*
*die stetig wachsende Distanz*
*zwischen ARM und REICH.*

❧❧❧

*Warum leuchten so viele Lichter*
*im Wohlstandstempel?*
*Einzig, um die Besucher zu blenden.*

❧❧❧

*Hast du genügend Knete,*
*schmerzt dich kein enger Gürtel.*

❧❧❧

*Wer nur dem Erfolg nachjagt,*
*übersieht schnell diejenigen,*
*die auf der Strecke bleiben.*

❧❧❧

*Ein Geflecht von Lügen zu entwirren*
*ist manchmal leichter, als einer*
*einzigen Wahrheit ins Gesicht zu sehen.*

❧❧❧

*Nichts ist so überflüssig wie Überfluss.*

*In den weiten Hallen der Konsumtempel gibt es alles,*
*was ich nicht brauche.*

*Kleine Fische schlüpfen durchs Netz.*
*Bei den Menschen ist es meist umgekehrt:*
*Die Kleinen werden gefangen,*
*die Großen entkommen.*

*Wahl? Demokratiezirkus!*
*Weder die von den meisten gewählte Partei*
*noch die große „Partei der Nichtwähler"*
*richten etwas aus.*

*Die Hungernden dieser Welt haben eine Adresse.*
*Die Verursacher auch!*

*Wer das Talent besitzt,*
*andere zum Lachen zu bringen,*
*sollte das so oft als möglich tun,*
*denn es gibt leider zu viele Menschen,*
*die zu wenig oder nichts zu lachen haben.*

*Von oben herab auf andere zu schauen,*
*sollte den Vögeln vorbehalten bleiben.*

ᘒᘒᘒ

*Es ist meist nur Zufall, zu Fall zu kommen.*

ᘒᘒᘒ

*Wir hatten eine Mauer und nun*
*suchen manche die fehlende Freiheit.*

ᘒᘒᘒ

*Wer seinem Leben eine feste Ordnung gibt,*
*kommt leichter durch den Tag.*

ᘒᘒᘒ

*Wenn du deine Fragen nicht an den Mann*
*bringen kannst, dann frag eine Frau!*

ᘒᘒᘒ

*Traue nicht blind dem äußeren Anschein.*
*Lass ab von jeglichem Verdacht!*
*Ungeachtet, was andere berichten,*
*bewahre dir deine Umsicht*
*und einen klaren Verstand.*

*Es gibt Leute,*
*die ihr ganzes Streben darauf richten,*
*ihr Schmarotzertum erfolgreich auszuweiten.*

ৡৡৡ

*Ich möchte für keinen einstehen,*
*den ich nicht ausstehen kann.*

ৡৡৡ

*Jeder verdient es,*
*sein Brot selbst verdienen zu dürfen.*

ৡৡৡ

*Hinter bloßen Vermutungen*
*finden sich die falschen Urteile.*

ৡৡৡ

*Unter den Vögeln nehmen die Möwen*
*den Platz der Politiker ein.*
*Sie sind am schnellsten, wenn*
*irgendwo ein fetter Happen zu holen ist.*
*Sie können am lautesten schreien*
*und sich Geltung verschaffen,*
*doch sind es immer nur die gleichen Töne.*
*Und wenn du Pech hast,*
*wirst du von ihnen beschissen.*

Für Arme und Reiche
gilt nicht die gleiche Wahrheit.

Alle haben einen Kopf,
aber manche machen sich keinen.

Wer die Wahrheit nicht sehen will,
zieht seinen Kopf ein.

Es ist nicht nur den Fröschen eigen,
dass sie sich manchmal aufblasen.

Der Wert eines Geschenkes wird nicht
von seiner Größe oder dem Preis bestimmt.

Wenn einer einem anderen den Erfolg missgönnt,
dann sicher nur aus dem Grunde,
weil er selbst nicht in der Lage war,
diesen zu erreichen.

Guter Geschmack hat seinen Preis.
Viele können ihn sich nicht leisten.

๑๑๑

Verhalte dich bei einem Gastgeber so,
dass er dich gern erneut einladen möchte.

๑๑๑

Liebe ist eine Krankheit,
die gesund macht.

๑๑๑

Liebe ist die unübertroffene Triebkraft
für positives Handeln.

๑๑๑

Wenn dir die Liebe begegnet,
kannst du es nicht verheimlichen.
Andere sehen dich aufblühen.

๑๑๑

Wer täglich eine Portion Zärtlichkeit erhält,
ist gut dran, weil er sie nicht einteilen
muss über längere Durststrecken.

*Die Liebe vermag jeden aufzurichten,*
*der noch gestern den Kopf hängen ließ.*

❦❦❦

*Gähnen ist ansteckend, Lächeln auch.*

❦❦❦

*Ein Hauch Entschlossenheit vervielfältigt sich,*
*wenn dich jemand liebt.*

❦❦❦

*Wer die Liebe lehrt, macht mattgraue Tage bunt.*

❦❦❦

*Liebe lässt Streit zu, schließt aber Verletzungen aus.*

❦❦❦

*Dein Lob, ein kleines Lächeln, deine Umarmung –*
*sie setzen meinem Abend Glanzlichter auf.*

❦❦❦

*Zu lieben kann man lernen.*
*Geliebt zu werden,*
*muss man sich verdienen.*

*Keiner findet aus der Dunkelheit,*
*wenn er nicht liebt.*

*Eine gute Partnerschaft setzt voraus,*
*immer wieder warten zu können,*
*bis der andere angekommen ist.*

*Die beste Beziehung zerbricht*
*am gegenseitigen Schweigen.*

*Eine Garantie,*
*nicht verlassen zu werden, gibt es nicht.*
*Liebe hat keinen Anspruch auf Ewigkeit.*

*Es genügt nicht, ein Herz zu haben,*
*man muss es auch zeigen.*

*Liebende kennen keine Hungerzeit der Gefühle.*
*Sie lichten die Nachtsegel und*
*greifen nach den Sternen.*

*Liebe und Zärtlichkeit geben –*
*so entdeckst du die Quelle des Glücks.*

*Sich zuwenden und voneinander abwenden,*
*Nähe und Ferne,*
*Festhalten und Loslassen,*
*sind gleichermaßen Voraussetzung*
*für den Fortbestand der Liebe.*

*Wenn zwei ihren Bund mit Ringen besiegeln,*
*so ist das nur der Anfang eines Versuchs,*
*irgendwann gemeinsam anzukommen.*

*Erst der Abend bezahlt mit Liebe.*

*Beim menschlichen Miteinander folgt jedem*
*Kletten und Klammern das Ende der Beziehung.*

*Dein Lächeln ist der kürzeste Weg*
*auf der Brücke zu meinem Herzen.*

*Es ist kein Geheimnis,*
*wie faszinierende Tage gelingen:*
*Zuerst ergreife das Ruder und*
*halte es fortan in Bewegung!*

∽∽∽

*Wenn dir einer sein Herz ausschüttet,*
*vergiss nicht, ihm für sein*
*entgegengebrachtes Vertrauen zu danken.*

∽∽∽

*Ich glaube, nicht jeder ist dafür geschaffen,*
*Sorgen, Zweifel und Ängste eines Freundes*
*zerstreuen zu können. Bewundernswert derjenige,*
*der diese Stärke und Fähigkeit besitzt und sich für*
*den anderen Zeit nimmt, wenn es nötig ist.*

∽∽∽

*Du wirst in keiner Stunde der Schwierigkeiten*
*schwanken, solange du einen wahren Freund*
*an deiner Seite weißt.*

∽∽∽

*Das Leben ist eine einzige Gratwanderung.*
*Man weiß nie wirklich,*
*was morgen passiert.*

*Wenn sich Frau und Mann*
*zu weit voneinander entfernt haben,*
*steht eines fest:*
*Sie können sich nicht mehr riechen.*

❦❦❦

*Wer Verzweiflung wandeln kann in Freude,*
*dem ist keine Aufgabe zu groß.*

❦❦❦

*Eine herzliche Umarmung lässt*
*erlittene Kälte schnell vergessen.*

❦❦❦

*Leicht verletzbar sind jene,*
*die ihr Herz offen vor sich hertragen.*

❦❦❦

*Nur wenige Menschen besitzen die Gabe zu sehen,*
*wenn einer hinter seiner Ausgelassenheit weint.*

❦❦❦

*Manche arbeiten hart ihr ganzes Leben lang*
*und kommen nicht nach oben.*
*Andere fallen unerwartet die Treppe hinauf.*

*Dein Inneres solltest du nur dem zeigen,*
*der dein Vertrauen verdient.*

❦❦❦

*Wenn du die Sorgen der anderen fühlen kannst,*
*werden die eigenen klein.*

❦❦❦

*Wer die Sonne im Herzen trägt,*
*zeigt ein strahlendes Gesicht.*

❦❦❦

*Lieber einen Frosch im Hals haben*
*als einen im Bett.*

❦❦❦

*Sagt dir einer ein einziges Lob,*
*verdoppeln sich deine Kräfte.*

❦❦❦

*Ich habe die Erfahrung gemacht, dass*
*arme Leute oft mehr zu verschenken haben*
*als wohlhabende: einen Rat, ein Lächeln,*
*ihre Zeit, gute Worte oder*
*selbst ihr letztes Hemd.*

Deine Freunde suche unter denen,
die dir gelegentlich widersprechen.

෴෴෴

Frauen haben ein Schattendasein gehabt.
Seit der Gegenwart ist diese Rolle
fast wie ehedem.

෴෴෴

Besser mit der Zeit gehen als beizeiten gehen.

෴෴෴

Verweigere deiner Zeit
nicht die Stimme der Vernunft.

෴෴෴

Wer mit Freundlichkeit andere einlädt,
muss nicht lange auf Gäste warten.

෴෴෴

Spontane Menschen verschwenden
oft ihre Zeit, aber während der
Verschwendungsphase regenerieren
sie ihre Kräfte, um danach effektiver
mit ihrer Zeit umgehen zu können.

*Wer Zeit sparen will, muss sich zunächst
die Zeit nehmen, dieselbe zu planen.*

❦❦❦

*Bürokratie – gestohlene Lebenszeit!*

❦❦❦

*Der Zahn der Zeit nagt an manchem Getriebe,
aber eine solide Handwerksarbeit
überdauert den Meister.*

❦❦❦

*Wenn deine Zeit
nicht hinten und nicht vorne reicht,
dann lass dir welche schenken.*

❦❦❦

*Was ich auch tue, die Ideen sind immer
meiner Zeit voraus.*

❦❦❦

*Es ist nicht so wichtig, wie schnell
oder wie langsam du etwas zuwege bringst.
Hauptsache, es wird gut.*

*Das wertvollste Geschenk:*
*Zeit für den anderen.*

❦❦❦

*Stifte dem Abend einen Blütenwein*
*und danke dem Tag!*

❦❦❦

*Lobe den Dichter,*
*der in seinem Werk den kleinen Augenblicken*
*großen Raum gibt.*

❦❦❦

*Genieße die Anwesenheit einer Person,*
*die dir zuhören kann.*

❦❦❦

*Wer ständig nachtragend ist, bricht eines Tages*
*unweigerlich unter seiner Traglast zusammen.*

❦❦❦

*Wenn du von Eis und Kälte umgeben bist,*
*hilft nur eines: Du musst selbst etwas tun*
*und aktiv werden, um diesen Zustand*
*ertragen zu können oder zu ändern.*

*Wenn Perspektiven fehlen,*
*hat auch die schönste Gegenwart*
*keinen echten Wert.*

*Ein gutes Fundament*
*trägt dich durch jede Zeit.*

*Sind uns die Vögel nicht weit überlegen?*
*Schon zu Lebzeiten erobern sie den Himmel.*

*Ab und zu ist Ruhezeit nötig,*
*doch nicht jeder vermag,*
*den Reichtum der Stille zu ernten.*

*Geht es um Leben oder Tod,*
*bekommen Sekunden oder Minuten*
*eine andere Dimension.*

*Wer sich seiner Falten schämt,*
*verdient nicht, alt zu werden.*

Wer bis ins hohe Alter das Kind in sich bewahrt,
der kann nicht anders und lässt es ab und zu heraus.

❦❦❦

Wer das Alter nicht achtet,
hat die Jugend nicht gepachtet.

❦❦❦

Erinnere dich dankbar an Vergangenes,
sieh hoffnungsvoll in die Zukunft
und genieße die Gegenwart!

❦❦❦

Älter werden heißt nicht unbedingt klüger werden,
aber jeder sollte es zumindest versuchen.

❦❦❦

Das Alter ist die Lebensphase,
in der von dir Charakter verlangt wird,
wozu du Jahrzehnte Zeit hattest,
ihn zu erwerben.

❦❦❦

Im hohen Alter ist jeder reich an Erfahrung,
aber manchmal arm dran.

Die klugen Alten sind keineswegs altklug.
Die Altklugen sind meist weder alt noch klug.

❦❦❦

Lernen ist ein lebenslanger Anspruch.
Tausende Rätsel warten auf eine Lösung.

❦❦❦

Was hinter dir liegt,
ist nicht mehr veränderbar;
was vor dir liegt, ist gestaltungsfähig.

❦❦❦

Glaube vor allem an dich selbst
und an die Kraft, die in dir wohnt.

❦❦❦

Welche Wunden dir das Leben
auch zugefügt haben mag,
im Dickicht der Erinnerungen
verlieren sich die Wege der Tränen.

❦❦❦

In der Jugend erfreut die Schönheit,
im Alter die Reife.

*Ab und zu sollte man
zurückschauen, um zu sehen,
wie weit man vorangekommen ist.*

❦❦❦

*Die Weisen wissen,
dass sie weiß Gott zu wenig wissen.*

❦❦❦

*Beim Anblick uralter Mauern wird dir bewusst,
wie kurz das menschliche Leben ist.*

❦❦❦

*Erst in deiner Blütezeit ahnst du,
wie viele Samenkörner
du einst weiterreichen kannst.*

❦❦❦

*Fotografieren ist eine Kunst,
die kostbaren Augenblicke
für die Ewigkeit festzuhalten.*

❦❦❦

*Der beste Tod ist höllisch grausam,
aber nur zu denen, die zurückbleiben.*

*Wer helfen will, dem wächst die Kraft dafür.*

❧❧❧

*Ein guter Mensch wirkt über seinen Tod hinaus.*

❧❧❧

*Unser Gesundheitswesen öffnet dem Tod die Tür.*

❧❧❧

*Nur wer die Natur zum Lehrmeister wählt,
wird durch die Lehre gleichermaßen
gute Einsichten wie Aussichten gewinnen.*

❧❧❧

*Jeder bleibt in der Schuld seiner Mutter.*

❧❧❧

*Je mehr Sonnenbilder du in deinem Inneren speicherst,
umso mehr wirst du in Schattenzeiten
davon zehren können.*

❧❧❧

*Wer für sich selbst nichts oder zu wenig tut,
soll später von den Ärzten keine Wunder erwarten.*

*Großzügig breitet die Natur*
*ihre reichen Schätze vor uns aus.*
*Wir müssen weiter nichts tun als hinsehen.*

❦❦❦

*Entweder die Krankheit packt dich oder du packst sie.*

❦❦❦

*Aus Niederlagen wachsen neue Kräfte.*

❦❦❦

*In deinem Inneren ist genügend Platz,*
*all die unzähligen Bilder aufzunehmen und*
*zu bewahren, die uns die Natur schenkt.*

❦❦❦

*Der weltweit größte Zaubermeister*
*ist unbestritten die Natur,*
*mit Formen, Farben, Tönen, Düften:*
*ein Festprogramm von MOLL bis DUR.*

❦❦❦

*Wer den Zugang zur Natur gefunden hat,*
*darf bei jeder Schau*
*in der ersten Reihe sitzen.*

*Die Natur ist der einzige Ort,*
*wo du mit Geschenken überhäuft wirst.*

*Die besten Architekten*
*finden ihre Ideen in der Natur.*

*Die Stille in der Natur ist eine*
*wohlklingende Musik in meinen Ohren.*

*Keiner ist in der Lage, die vielen kleinen*
*und großen Wunder der Natur zu zählen.*

*Wenn keiner dem anderen*
*den Platz streitig macht,*
*können sich alle entfalten und*
*zeigen, was in ihnen steckt.*

*Egal, ob ein Ding alt oder neu ist,*
*der Gebrauchswert ist entscheidend.*

*Wer gern etwas verschenkt,*
*beschenkt sich selbst*
*durch die Freude am Schenken.*

*Wer mit Blumen kommt,*
*steht selten vor verschlossener Tür.*

*Ein Strauß frischer Blumen vermag,*
*den bescheidensten Raum mit Leben zu füllen.*

*Du kannst dir die Dinge nicht immer aussuchen,*
*die am Rand deines Lebensweges auf dich warten.*

*Kehre nie auf halbem Wege um,*
*denn der Weg bis ans Ziel ist*
*nicht weiter als der Weg zurück.*

*Messen kannst du dich nur mit einem,*
*der mit dir auf gleicher Stufe steht.*

*Solange du nur von Lichtblicken träumst,*
*das Licht aber nicht selber anknipst,*
*beschwere dich nicht über die schlechte Sicht!*

✍✍✍

*Wenn dein Gegner nur auf der Stelle tritt,*
*dann rühme dich nicht, ihn überholt zu haben.*

✍✍✍

*Wer zu viel Dampf ablässt,*
*soll sich nicht wundern,*
*wenn ihn keiner mehr sehen kann.*

✍✍✍

*Wer sich seinem Gegenüber öffnet,*
*findet meist die gewünschte Beachtung.*

✍✍✍

*Wirke rastlos dem Hass entgegen,*
*ehe er Samen trägt.*

✍✍✍

*Wer sein Gesicht verliert,*
*braucht oft lange,*
*bis er es wiederfindet.*

*Nicht alle, die baden gehen,*
*werden nass.*

❧❧❧

*Die Vorstellungskraft des Menschen ist begrenzt.*
*Nur wer selbst auf die Schnauze fliegt,*
*weiß, wie weh es tut.*

❧❧❧

*Wenn einer die Hoffnung verliert,*
*verliert er auch seine Träume.*

❧❧❧

*Du kannst keinen Sieg erkämpfen,*
*ohne den Horizont zu weiten.*

❧❧❧

*Um die Ecke herum zu denken*
*ist wahrlich besser,*
*als an der Ecke herumzustehen.*

❧❧❧

*Halte dich fern von Besserwissern,*
*denn sie sind nicht daran interessiert,*
*dich besser oder wissender zu machen.*

*Kleine Leute haben manchmal*
*mehr Größe als große.*

⚬⚬⚬

*Wer Kohle hat, kann das Feuer nähren.*

⚬⚬⚬

*Wer die Macht hat, macht ein kluges Gesicht.*

⚬⚬⚬

*Mit mächtiger Meinungsmache*
*macht Macht Mächtige mächtiger.*

⚬⚬⚬

*Wer nicht in die Zukunft schaut,*
*den holt die Vergangenheit ein.*

⚬⚬⚬

*Wer keinen Ballast abwerfen kann,*
*der trägt schwer.*

⚬⚬⚬

*Die Größe eines Menschen*
*wird nicht in Zentimetern gemessen.*

*Ordne dich dem Anspruch deiner Ziele unter*
*und du bewegst etwas.*

❀❀❀

*Dinge, die das Leben versüßen,*
*wollen zuvor erarbeitet sein.*

❀❀❀

*Die sich nicht vorsehen*
*haben oft das Nachsehen.*

❀❀❀

*Die nie nachgeben wollen vorgeben,*
*stets im Recht zu sein.*

❀❀❀

*Konstruktive, progressive Kritik*
*bewirkt noch immer und zu allen Zeiten*
*positive Veränderungen, wenn der*
*Kritisierte eine gesunde Einstellung*
*zu Kritik und Selbstkritik hat.*

❀❀❀

*Mach deinen Ideen Beine!*

*Helfe willig wo du kannst,*
*aber erwarte keinen Dank.*

⊰⊰⊱⊱

*Ein guter Streit befreit.*

⊰⊰⊱⊱

*Erst wenn man etwas unwiderruflich*
*für immer verloren hat, kann man*
*ermessen, welchen Wert das Verlorene hatte.*

⊰⊰⊱⊱

*Ins Wasser geworfen lernst du schwimmen,*
*in den Staub gestoßen lernst du,*
*dich aufzurichten.*

⊰⊰⊱⊱

*Wer einen Narr spielen muss, um seine*
*Existenz bestreiten zu können, hat's schwer,*
*aber ein echter Narr ist echt zu beneiden.*

⊰⊰⊱⊱

*Mancher ist stimmlos wie ein Storch und*
*weiß nichts Gescheites zu sagen, umso*
*lauter klappert er dafür mit seinem Schnabel.*

Ein Gedanke zur Nacht wird oft zur Tat des Tages.

⊰⊰⊱

Die Kleinen achte nicht gering!
Sie erarbeiten, was die Großen verzehren.

⊰⊰⊱

Erst die Taten machen einem Namen Ehre.

⊰⊰⊱

Wer nicht verzeihen kann,
bestraft sich selbst.

⊰⊰⊱

Wer rechtzeitig lernt,
gegen heftige Wogen des Lebens zu steuern,
kommt dem Notfall zuvor.

⊰⊰⊱

Lebendige Kunst kennt keine Schranken.

⊰⊰⊱

Setze dein Ich hintan, doch stelle
keines deiner Prinzipien zurück.

*Wenn einer unbedingt*
*mit dem Kopf durch die Wand will,*
*weiß er mit Sicherheit,*
*was sich dahinter verbirgt.*

*Einer mit kleinem Mund*
*kann auch ein Großmaul sein.*

*Wenn Myriaden von Lichtern leuchten,*
*leuchtet mindestens eines davon für dich.*

*Eine weiße Weste*
*steht jedem gut zu Gesicht.*

*Jeder kann Kompromisse eingehen,*
*ohne die eigenen Standpunkte aufzugeben.*

*Wenn sich jemand  nach freien Urlaubswochen*
*wieder auf den Beginn der Berufsarbeit freut,*
*dann ist ein Stückchen Welt in Ordnung.*

*Keine beste Absicht,*
*nur der unverhüllte Wille ruft die Tat.*

*Der Not gehorchend werden Zaghafte stark.*

*Wer Weitsicht besitzt, sollte seine*
*Sichtweisen nicht für sich behalten.*

*Weitblick schafft Überblick, aber nur,*
*wenn man den Durchblick hat.*

*Wer zwei linke Hände hat,*
*kann nichts Rechtes tun.*

*Wenn dir einer in den Rücken fällt,*
*dann lasse ihn hinter dir liegen.*

*Nur was du heute tust, zählt.*

*Aus einem Meer köstlicher Worte*
*sprüht ein gutes Buch unentwegt*
*Licht in die Dämmerung.*

*Es kommt nicht darauf an,*
*wie viel einer tut,*
*sondern wie gut er es tut.*
*Am besten ist jedoch,*
*er tut viel Gutes.*

*Gib den leisen Tönen einen Resonanzboden,*
*damit sie sich stark machen können.*

*Ein kleiner Sturm fällt keine Eichen.*

*Kein Mensch kann aus seiner Haut*
*und sei sie noch so dünn.*

*Das, was du aus eigner Kraft aus dir*
*hervorbringst, darauf darfst du stolz sein.*

Schnell ist einer durchschaut,
der anderen nur etwas vormachen kann,
ohne es vorzuleben.

❧❧❧

Geduld und Ungeduld
heben sich nicht gegenseitig auf.
Nur mit beiden kommt man voran.

❧❧❧

Du kannst kein Geheimnis
des Unrechts in dir versenken,
dein Gewissen spült es immer wieder hoch.

❧❧❧

Wenn aus einem kleinen Wind ein Sturm wird,
gibt es immer einen Grund dafür.

❧❧❧

Egal, welche Hautfarbe einer trägt,
Hauptsache, er ist eine ehrliche Haut.

❧❧❧

Es geht nicht anders,
als anders zu sein als andere.

*Glaube nur an das, was du mit*
*eigenen Augen siehst! Aber wisse:*
*Es könnte auch ein Märchen sein.*

*Bewundernswerter Baum:*
*Ein ganzes Leben lang*
*am gleichen Platze stehen und*
*doch so weit nach oben kommen.*

*Wenn dein Alltag*
*mit seinen kleinen Freuden geizt,*
*dann bereite dir selber welche.*

*Jeder schöpft die Kraft aus seinen Wurzeln.*

*Wer einen Baum pflanzt,*
*dem kann man vertrauen.*

*Stehst du allein auf weiter Flur,*
*musst du den Blitz fürchten.*

*Das Glück ist oft so unscheinbar,*
*dass es leicht übersehen wird.*

⋰⋱⋰

*Glücklich ist der Zufriedene.*
*Seine Ausstrahlung kommt von innen.*

⋰⋱⋰

*Die größte Befriedigung erfährst du,*
*wenn du an einem Ziel ankommst,*
*von dem du anfangs glaubtest,*
*es nicht zu erreichen.*

⋰⋱⋰

*Du musst das Unmögliche versuchen,*
*um das Mögliche zu erreichen.*

⋰⋱⋰

*Solange einer den Erfolg sucht,*
*muss er Begeisterung zeigen,*
*sonst wird nichts draus.*

⋰⋱⋰

*Die meisten unserer Schwierigkeiten*
*bereiten wir uns selbst.*

*Die Vorstellung, jemandem*
*eine Freude bereiten zu können,*
*setzt Triebkräfte frei.*

ৎৡৎৡৎৡ

*Die Frohnatur verschenkt ihr Lächeln,*
*aber es wächst ihr immer wieder nach.*

ৎৡৎৡৎৡ

*Ein bescheidener Mensch*
*muss nicht unbedingt anspruchslos sein.*
*Wer bescheiden ist, stellt an sich selbst*
*meist die höchsten Ansprüche.*

ৎৡৎৡৎৡ

*Wer die Nase vorn hat,*
*ist eher am Ziel.*

ৎৡৎৡৎৡ

*Offene Fragen und Probleme*
*wachsen schneller nach als Unkraut.*

ৎৡৎৡৎৡ

*Aus meinen Erinnerungen baue ich*
*ein Haus, in das ich gern einkehre.*

*Ab und zu sollte man in den Spiegel
sehen und prüfen, ob man sich
selbst noch leiden kann.*

❧❧❧

*Wer in den siebten Himmel will, aber zu
lächeln vergisst, der kommt dort nicht an.*

❧❧❧

*Sei freigebig mit Lob und geizig mit dem Tadel.
So erreichst du mehr als umgekehrt.*

❧❧❧

*Wer sich kopfüber mit Lust
ins pralle Leben hineinstürzt,
nimmt auch die Schürfwunden
mit in Kauf.*

❧❧❧

*Kritik hat zwei Seiten, eine gute und eine schlechte.
Die schlechte: Sie tut weh. Das muss man aushalten.
Die gute: Gedankengänge werden frei.
Denken aus neuen Gesichtswinkeln wird möglich
und Überdenken des eigenen Tuns schadet nicht.
Im Gegenteil!*

*Lobe einen anderen und du wirst sehen,*
*dass seine Augen zu glänzen beginnen.*

❦❦❦

*Kritik, über mich und an mich*
*herangetragen, ist ein Geschenk,*
*das ich in Gewinn verwandeln kann.*

❦❦❦

*Lieber ein klein wenig zu weit gehen,*
*als nur auf der Stelle zu treten.*

❦❦❦

*Wer das Höchste anstrebt,*
*wird mit Sicherheit die Hälfte erreichen.*
*Wer nur die Hälfte anstrebt,*
*geht unter Umständen leer aus.*

❦❦❦

*Wer auf großem Fuße lebt,*
*muss nicht unbedingt standhaft sein.*

❦❦❦

*Ab und zu solltest du nach innen horchen*
*und dich fragen, ob es dir gut geht.*

*Wer Berge versetzen will,*
*muss zuvor die Täler durchschreiten.*

❦❦❦

*Wer sich nicht geniert, andere zu fragen,*
*um eigene Zweifel begraben zu können,*
*dem bleiben viele Umwege erspart.*

❦❦❦

*Wer ein Ziel vor Augen hat,*
*der weiß, wo's lang geht.*

❦❦❦

*Vergiss deine Träume nicht!*
*Erst sie schenken dem Alltag*
*etwas Erleichterung durch einen*
*Hauch Hoffnung auf das Morgen.*

❦❦❦

*Vor dem Sprung prüfe den Landeplatz!*

❦❦❦

*Ich verzeihe allen, die mich falsch einschätzen.*
*Schließlich können sie mich nicht*
*so gut kennen wie ich mich selbst.*

*Wer mit Gefühl und Verstand, reicher Kenntnis,*
*Lust, Leidenschaft und viel Geduld*
*kunstvoll ein Fundament setzt,*
*wird auch das Dach noch richten.*

❧❧❧

*Auf der Suche nach dem Verlorenen*
*wirst du etwas Neues finden.*

❧❧❧

*Die im Leben den Takt angeben, müssen nicht*
*unbedingt taktvoll oder musikalisch sein.*

❧❧❧

*Es ist wahrscheinlich leichter, einen Sack Flöhe*
*zu hüten als einen Sack mit Dummheiten.*
*Letztere verbreiten sich schneller.*

❧❧❧

*Wenn du weißt, was du willst und wohin du willst,*
*findest du die Kraft, dein Ziel zu erreichen.*

❧❧❧

*Das Gleichgewicht sollte nur derjenige verlieren,*
*der in der Lage ist, sich selbst aufzufangen.*

*Wer sich frei entfalten kann,*
*wächst über sich hinaus.*

❦❦❦

*Ins rechte Licht gesetzt,*
*kann auch der Kleine Größe zeigen.*

❦❦❦

*Diejenigen, die heute noch*
*Teufelsaustreibungen praktizieren,*
*das sind selbst die schlimmsten Teufel*
*in Menschengestalt.*

❦❦❦

*Wer Talent besitzt, hat zwei Möglichkeiten:*
*Es verkommen zu lassen durch Nichtstun oder es*
*durch Arbeit und Anstrengung weiterzuentwickeln.*

❦❦❦

*Die größten Pfeifen sollten nicht den Ton angeben.*

❦❦❦

*Verschwendung hat ihren Preis!*
*Wir müssen ihn bezahlen – früher oder später.*

*Gier und Reichtum stehen eng beisammen.*

ക്ക–ക

*Jegliches Neue braucht die Kraft,*
*sich über Althergebrachtes hinwegzusetzen.*

ക്ക–ക

*Über Zweifelhaftes nachzudenken*
*ist zweifelsfrei des Zweiflers Tun,*
*aber zweifelsohne denkt er nicht daran,*
*am Zweifel zu verzweifeln.*

ക്ക–ക

*Die Menschen haben sich den Traum*
*vom Fliegen erfüllt, aber manche*
*haben ein ausgeprägtes Talent entwickelt,*
*stets in den Dreck zu fliegen.*

ക്ക–ക

*Den größten Wirrköpfen*
*entspringen oft die besten Ideen.*

ക്ക–ക

*Musizieren, Malen, Schreiben – brotlose Künste!*
*Aber durch sie schmeckt vielen das Brot besser.*

*Wer bewundert werden will,*
*muss Bewundernswertes tun.*

❧❧❧

*Ans Ziel gelangt nur einer,*
*der bereit ist, seiner Hoffnung in die*
*unbekannte Ferne zu folgen.*

❧❧❧

*Ab und zu sollte man abheben, um mit*
*Leichtigkeit über den Dingen zu schweben.*

❧❧❧

*Das Einfache, sich einfach einmal*
*in einen anderen hineinzuversetzen,*
*ist nicht einfach, aber es ist*
*einfach hin und wieder nötig.*

❧❧❧

*Hinter jedem Irrtum lauern die besten Ideen.*

❧❧❧

*Wer beschließt, sich dem Leben zu verschließen,*
*sollte den Schlüssel nicht verlieren, um gegebenenfalls*
*seinen Beschluss korrigieren zu können.*

*Unsere Träume und Hoffnungen*
*lassen uns die Realität ertragen.*

৸৵৶

**Es gibt mehr arme Teufel, als dem Teufel lieb ist.**

৸৵৶

*Wer nicht gelernt hat,*
*sich auf das Wesentliche zu konzentrieren,*
*verliert sich im Dschungel der Nichtigkeiten.*

৸৵৶

*Das kleinere Übel:*
*Einer, der viel Wind macht,*
*ist mir lieber als einer,*
*der gar nichts bewegt.*

৸৵৶

*Auf der Eisbahn des Lebens macht*
*mancher mit dem Boden Bekanntschaft.*
*Entscheidend ist, wieder aufzustehen.*

৸৵৶

*Der Perfektionist wählt als Opfer sich selbst.*

*Wer den Farben des Lebens*
*neue Nuancen hinzuzufügen weiß,*
*macht die Welt reicher.*

∽✧∽✧∽✧

*Zum Fliegen braucht es*
*nicht nur einen Flügelschlag,*
*zum Vorwärtsgehen nicht nur einen Schritt.*

∽✧∽✧∽✧

*Klein ist jeder Anfang.*
*Wer ein winziges Korn findet, säe es aus!*

∽✧∽✧∽✧

*Tränendrüsen sind Ventile,*
*Kummer und Leid aus dir heraus zu lassen,*
*ohne dass du selbst dabei Schaden nimmst.*

∽✧∽✧∽✧

*Neues erlernen, den Schatten überspringen,*
*bewirkt Entwicklung.*

∽✧∽✧∽✧

*Der erste Versuch, der erste Schritt*
*ist schon der Anfang einer Veränderung.*

*Nur wer Fantasie besitzt,*
*kann Puppen zum Leben erwecken.*

*Im Alltäglichen*
*liegt das Außergewöhnliche verborgen.*

*Wem die Neugier nicht abhandenkommt,*
*dem eröffnen sich neue Wege.*

*Je größer dein Bedürfnis wird, anderen von deinen*
*Krankheiten, zunehmenden Beschwerden und*
*Wehwehchen, Kümmernissen und Sorgen zu*
*erzählen, umso öfter wirst du feststellen,*
*dass sich kaum einer dafür interessiert.*

*Lieber nahe am Wasser gebaut sein,*
*als gar keine Tränen haben.*

*Ein zufriedener Abend*
*bereitet der Nacht ein gutes Bett.*

*Wer die Farben auf seiner*
*Lebenspalette immer wieder neu mischt,*
*dessen Tage werden weder an Buntheit*
*noch an Spannung verlieren.*

❀❀❀

*Wer sich nur mit den eigenen Federn schmückt,*
*muss nicht befürchten,*
*eines Tages Federn lassen zu müssen.*

❀❀❀

*Die aufrecht im Leben stehen,*
*haben kein Problem, ihr Gesicht zu zeigen.*

❀❀❀

*Wer den Start verpasst, hat schon verloren.*

❀❀❀

*Von allen Winden ist mir*
*der Rückenwind am liebsten.*

❀❀❀

*Rückgrat und Stehvermögen*
*erlangt nur jemand,*
*der sich nicht auf Rosen bettet.*

*Sich vorwärts zu bewegen heißt,*
*mit Widerstand zu rechnen.*

❦❦❦

*Ich gehöre mir selbst.*
*Dieser Besitz ist nicht übertragbar.*

❦❦❦

*Wer etwas zu bieten hat,*
*braucht sich nicht alles bieten zu lassen.*

❦❦❦

*Die sich am besten verrenken können,*
*kommen überall durch.*

❦❦❦

*Zeit lehrt – Zeit bekehrt.*

❦❦❦

*Jeder braucht seine Zeit,*
*bis er sich anderen gegenüber öffnen kann.*

❦❦❦

*Lächeln ist die beste Gesichtsgymnastik.*

*Soll die Erde gesunden, bedeckt ihre Wunden*
*mit dem Tau der Rosenblüten!*

❖❖❖

*Wer sich nicht an kleinen Dingen erfreuen kann,*
*dem bleiben die großen Freuden verborgen.*

❖❖❖

*Schönheit verdoppelt sich, wenn man*
*ihr einen Spiegel vorhält.*

❖❖❖

*Solange zwei ihre Ringe schon tragen mögen,*
*die Zuwendung muss immer wieder*
*neu geübt werden.*

❖❖❖

*Extrawürste gibt es nicht zu kaufen,*
*aber manche glauben,*
*sie hätten einen Anspruch darauf.*

❖❖❖

*Wenn es um die Wurst geht,*
*kommst du mit Durchwursteln nicht weit.*

*Lieber mal einen Satz zu viel reden,*
*als nichts zu sagen haben.*

❧❧❧

*Die strahlende Sonne am Himmel*
*wird von allen geliebt, doch keiner*
*schaut ihr gern ins Gesicht.*

❧❧❧

*Für manche ist das ganze Jahr über Karneval.*
*Sie tragen Maske.*

❧❧❧

*Das Auge beschleunigt den Appetit,*
*der Verstand bremst ihn.*

❧❧❧

*Wer sich inmitten von Eseln verbeugt,*
*ist wahrscheinlich selbst einer.*

❧❧❧

*Die Dicken können deine dicksten Freunde*
*werden, wenn du ihr Dicksein tolerieren kannst*
*und das Maßband an ihrem Charakter anlegst.*

Es ist nicht recht, dass Rechtlose,
die im Recht sind, kein Recht finden
und ihre Rechte nicht wahrnehmen können,
weil der Gesetzgeber sich oft die
unrechten Leute aussucht, deren
Rechte er in schöne Paragraphen presst.
Aber von Rechts wegen ist dies
rechtens oder recht und billig.
Es geschieht uns recht,
weil wir zu wenig rechten
für die Gerechtigkeit und gegen die,
die Unrecht tun.

Melodische Klänge brauchen keinen Lautsprecher.

Ein großer Liebes- und Achtungsbeweis ist es,
wenn dir jemand sein Inneres offenbart.

Sein Herz kann jeder auch ohne Worte sprechen lassen.

Wer anderen Einblick in sein Herz gewährt,
dem fliegen Herzen zu.

*Das Leben ist schön, auch wenn es manchmal weh tut.*

❦❦❦

*Unübertroffen sind die Wunder der Natur.*
*Und das Beste daran ist:*
*Sie sind die größten Freudenspender.*

❦❦❦

*Solange du wie eine leblose Statue*
*keine Gefühle zeigen kannst,*
*wirst du keines Menschen Freund werden.*

❦❦❦

*Manche tragen schwer an der Last,*
*die sie sich selbst aufgebürdet haben.*

❦❦❦

*Zwar sind es immer noch nur die Frauen,*
*die die Kinder zur Welt bringen, aber moderne Paare*
*praktizieren die Gleichberechtigung*
*als Selbstverständlichkeit.*

❦❦❦

*Wo die Liebe zu Hause ist und sich einer auf den*
*anderen verlassen kann, wird alles Schwere leichter.*

*Einer, der mit sich selbst zufrieden ist,*
*dem fällt das Lächeln leicht.*

❧❧❧

*Wenn es dir einmal nicht gut geht,*
*renne nicht gleich zum Arzt.*
*Der Frisör kriegt dich vielleicht auch wieder hin.*

❧❧❧

*Wer sich aufs Glatteis begibt, muss*
*auch einen Sturz mit in Kauf nehmen können.*

❧❧❧

*Beim Flirten und Tanzen möchte niemand gern einen*
*Korb bekommen. Aber über einen mit erlesenen*
*Köstlichkeiten gefüllten Korb freut sich jeder.*

❧❧❧

*Wer sich mit schönen Dingen umgibt*
*und dem Alltag Glanzlichter aufsetzt,*
*hat mehr Freude am Leben.*

❧❧❧

*Ein appetitliches Essen zuzubereiten, ist eine Kunst,*
*sich beim Essen zurückzuhalten – auch.*

*Manche wollen für sich
immer das größte Stück vom Kuchen.*

❀❀❀

*In Kürze eroberte das Internet
den gesamten Erdball über alle Grenzen hinweg.
Was haben wir nur vorher ohne Internet gemacht?*

❀❀❀

*Das weltweite Internet –
eine völkerverbindende Glanzleistung – eine Erfindung,
die sich in atemberaubendem Tempo verbreitete und
alle Bereiche in großem Umfang revolutionierte.*

❀❀❀

*Der Fantasie der Hausbesitzer sind keine Grenzen
gesetzt, ihre Häuser durch schöne Blickfänge
attraktiver zu machen.*

❀❀❀

*Ob Taube oder Spatz,
beide können zu einer echten Plage werden.*

❀❀❀

*Die List triumphiert über die Klugheit.*

*Manch einer kommt nur dann in Bewegung,*
*wenn ihm kräftig der Marsch geblasen wird.*

❧❧❧

*Es gibt auch bescheidene Diebe.*
*Sie nehmen sich nur, was sie selbst für den Eigenbedarf*
*brauchen und lassen dem Besitzer etwas zurück.*

❧❧❧

*Die vielfältigsten und besten Inspirationen erhalten*
*Maler und andere Künstler in der Natur.*

❧❧❧

*Wer schuften kann wie ein Arbeitstier,*
*dem sagt man gern eine Pferdenatur nach.*

❧❧❧

*Jedes Team kann sich glücklich schätzen,*
*wenn es mindestens ein verlässliches Zugpferd hat.*

❧❧❧

*Man muss nicht unbedingt einen Hund besitzen,*
*um Einbrecher vom Haus fernzuhalten.*
*Vielleicht genügt auch schon ein Schild am Zaun:*
*Vorsicht! Bissiger Hund!*

*Was kann eigentlich der Hund dafür,*
*wenn man ein Wetter als Hundewetter bezeichnet?*

❧❦❧

*Von jemandem gefördert werden – einverstanden,*
*aber nicht für einen anderen das Schoßhündchen sein.*

❧❦❧

*Kitsch ist ein Abfallprodukt der Kunst.*
*Aber jeder soll sich mit dem umgeben dürfen,*
*was ihm gefällt.*

❧❦❧

*Wenn dir jemand freundlich zulächelt,*
*dann lächle einfach zurück.*

❧❦❧

*Wer seine Arbeit mit Freude tut,*
*dem geht sie leicht von der Hand.*

❧❦❧

*Der Glaube, in einer Demokratie zu leben,*
*ist nichts weiter, als ein Trostpflaster*
*auf die Unzulänglichkeiten*
*der Gesellschaftsordnung.*

*Der Gast hat meist ein feines Gespür dafür,*
*ob er als solcher willkommen ist oder nicht.*

*Fühlst du dich ungeliebt? Vermisst du etwas Glück?*
*Nur Liebe, die man gibt, bekommt man auch zurück.*

*Auch der Hochmütige wird irgendwann merken,*
*dass er ohne die anderen nicht auskommt.*

*Die Lust ist die Schwester der Liebe.*

*Andere zu täuschen und zu belügen,*
*ist verwerflich, aber Notlügen sind erlaubt.*

*Eine Lüge ist oft das einzige Mittel,*
*aus einer Sache heil herauszukommen.*

*Blinder Hass ist Ausdruck von Unreife.*

*Liebe ist ein Geschenk,*
*das du weiterverschenken darfst.*

❀❀❀

*Den Liebenden ist selten ein Weg zu weit.*

❀❀❀

*Herz und Verstand –*
*zusammen entscheiden sie unser Leben.*

❀❀❀

*Unrecht ist schneller getan als wiedergutgemacht.*

❀❀❀

*Rache ist ein ungeeignetes Mittel,*
*auf das Fehlverhalten eines anderen zu reagieren.*

❀❀❀

*Die Überheblichkeit will Zwietracht schüren.*
*Wer sie besitzt, der lässt sie andre spüren.*

❀❀❀

*Lass dich nicht von einer Spinnerin einspinnen,*
*es sei denn, sie kann wirklich spinnen.*

Wenn zwei Übel in dir streiten,
wähle das kleinere!
Wenn zwei Freuden in dir streiten,
stärke die größere!

Wer sein Handwerk gut beherrscht,
dem wird es nie an Arbeit mangeln.

Nachdenken, sich im Schweigen sammeln,
ist die beste Möglichkeit, ehe man redet.

Lerne und begreife!
Zeig was du kannst!
Dein Wissen ist Reichtum.

Wer einem Dummen willig seinen Platz überlässt,
verliert schnell seinen guten Ruf.

Wer sich für andere einsetzt,
bahnt der Hoffnung einen Weg.

*Wer Fantasie besitzt, dem gehen die Ideen nicht aus.*

&-&-&

*Selbstgespräche sind nützlich.*
*Sie beleben die Stunden des Einsamen.*

&-&-&

*Der Visionär sieht schon das Große im Kleinen.*

&-&-&

*Alle großspurigen Politiker wollen nur das eine:*
*Macht und Erfolg sowie deine Knete.*

&-&-&

*Liebe ist ein starkes Gefühl,*
*gegen das die Vernunft meist nicht ankommt.*

&-&-&

*Vorsorgen erspart Sorgen.*
*Vorsorgen erspart Nachsorgen.*

&-&-&

*Ich denke, dass eine Maske manchmal Sinn macht,*
*um sich selbst vor anderen zu schützen.*

*Lieber eine Maske verlieren als sein Gesicht.*

❦❦❦

*Nicht nur die Zutaten machen ein gutes Essen.*
*Es braucht einen, der die Kunst zu kochen versteht.*

❦❦❦

*Einen anderen zu verstehen, setzt zuhören voraus.*

❦❦❦

*Es muss auch die Dummen geben.*
*Besonders der Staat profitiert von ihnen.*

❦❦❦

*Gierig vereint um ihre Diäten,*
*vergessen die Oberen Werte und Moral.*

❦❦❦

*Du kannst keinen über den Tisch ziehen,*
*ohne dass dieser etwas merkt.*

❦❦❦

*Eine gute Mutter denkt an alle ihre Lieben,*
*doch an sich selbst denkt sie zuletzt.*

*Im Freudenhaus verbirgt sich die Moral*
*hinter einer Maske.*

*Die Reichen spüren selten, wenn das Leben teurer wird.*
*Ihre Spielräume sind großzügig bemessen.*

*Vor vollen Schaufenstern stehen viele mit leerer Börse.*

*Was für ein Glück, keinen zum Feind zu haben!*

*Auf etwas zu verzichten, ist eine uralte Kunst,*
*die man erlernen kann.*

*Deine Augen sind Edelsteine.*
*Wenn sie funkeln, kann jeder*
*bis auf den Grund deiner Seele sehen.*

*Schönheit allein macht noch keinen Charakter.*

*Die große Überfülle im Land nützt denen nicht,*
*die Hunger haben.*

❧❧❧

*Einen Halbgott änderst du nicht,*
*denn er will noch Gott werden.*

❧❧❧

*Wissen sprengt Grenzen.*

❧❧❧

*Kein anderer schafft es*
*bei ausschließlich vegetarischer Ernährung,*
*so viele Kilos auf die Waage zu bringen*
*wie der Elefant.*

❧❧❧

*Wer aus jeder Mücke einen Elefanten macht,*
*hat den Blick für die Realitäten verloren.*

❧❧❧

*Ein Mensch, der sich taktlos, tölpelhaft, unhöflich,*
*rüpelhaft, plump, ungeschickt oder grob benimmt,*
*macht mehr kaputt als ein Elefant*
*im Porzellanladen.*

Es ist völlig egal, ob einer gläubig ist oder nicht,
ob er einer Kirche angehört oder nicht.
Allein sein Tun und Handeln sowie sein Charakter
bestimmen seinen Wert.

❧❧❧

Wer im Leben vorankommen will,  muss lernen,
über den eigenen Schatten zu springen.

❧❧❧

Ein „Gernegroß" macht sich mit List
gern größer, als er selber ist.

❧❧❧

Der Schlüssel zum Erfolg
hängt an keinem Schlüsselbrett.

❧❧❧

Jedem kann ein Absturz passieren.
Wichtig ist, wieder aufzustehen.

❧❧❧

Streit lässt sich nicht immer vermeiden.
Er sollte jedoch kampflos und fair ausgetragen werden,
ohne dass einer den anderen verletzt.

*Um hinter die Kulissen sehen zu können,*
*brauchst du nicht unbedingt eine Brille.*

ఈఈఈ

*Kein herkömmlicher Zirkus übertrifft*
*mit atemberaubenden Tricks und tollkühnen*
*Kunststücken den alltäglichen Politzirkus.*

ఈఈఈ

*Manchmal ist es angebracht,*
*anderen die Zähne zu zeigen.*

ఈఈఈ

*Der Pessimist sieht an der Rose zuerst die Dornen,*
*vielleicht auch die Blattläuse, die sich an ihr laben.*
*Der Optimist erfreut sich an ihrer Schönheit*
*und genießt ihren Duft.*

ఈఈఈ

*Woher nimmt die Natur ihre vollendet schönen Formen,*
*die Vielfalt ihrer Farben in allen Nuancen und diese*
*intensive Leuchtkraft? Es bleibt ihr Geheimnis.*

*Es macht glücklich, einen anderen glücklich zu machen.*

*Jeder sollte einen Schutzengel, Glücksbringer oder*
*Talisman haben, damit er sich einbilden kann,*
*gut behütet zu sein.*

⤞⤞⤞

*Wer ständig den Zeigefinger erhebt und*
*andere belehren will,*
*schafft sich mit Sicherheit keine Freunde.*

⤞⤞⤞

*Besserwisser und Neunmalkluge*
*sind schwer zu ertragende Zeitgenossen.*

⤞⤞⤞

*Lachen und Lächeln sind nicht anstrengend,*
*aber manche Leute scheinen leider nicht zu wissen,*
*wie es geht.*

⤞⤞⤞

*Lerne Sprachen! Sie schulen den Geist. Sie bilden.*
*Aber ohne Herzensbildung gelingt keine Integration*
*und es öffnen sich keine Türen.*

⤞⤞⤞

*Keine Aufgabe im Leben gelingt ohne Mühe.*

*Wenn Lernen mit Freude und Spaß verbunden wird,*
*ist Schule ein gern besuchter Ort.*

༄༅༄

*Wer ein Instrument spielen kann,*
*soll mit seiner Musik andere erfreuen,*
*und sei es auf der Straße.*

༄༅༄

*Wer ein Haustier hält, muss wissen,*
*dass er sich in Abhängigkeit begibt.*

༄༅༄

*Wer sich mit Aufmerksamkeit, Liebe und Feingefühl*
*einem Kranken zuwendet, ihm Mut macht und seine*
*Leiden lindern hilft, ihm seine Zeit und Zuversicht*
*schenkt, verdient allerhöchstes Lob.*

༄༅༄

*Der wahre Held fühlt sich nicht als solcher.*
*Er will gar kein Held sein. Andere machen ihn dazu.*

༄༅༄

*Träumer träumen sich das Leben schön,*
*wenn's am Schönen mangelt.*

*Ein echter Held strebt nicht nach Ruhm.*
*Er macht einfach nur seine Arbeit und die,*
*so gut als möglich.*

෯෯෯

*Die Krone des Helden heißt Bescheidenheit.*

෯෯෯

*Verliebt sein, reicht nicht.*
*Jemanden lieben heißt, ihm nahe und für ihn da sein –*
*in guten wie in schlechten Zeiten.*

෯෯෯

*Einmal ausgebreitet, ist Hass wie ein Feuer,*
*das schwer zu löschen ist.*

෯෯෯

*Die Liebe ist dem Feuer gleich.*
*Wenn man nichts nachlegt, wird sie erlöschen.*

෯෯෯

*Es fließt und fließt. Wasser wird nie müde und braucht*
*keinen Schlaf. Wie gern hätte auch ich diese*
*Eigenschaften. Aber leider verschlafe ich*
*einen Großteil meines Lebens.*

*Die innige Liebe des Besitzers*
*zu seinem Feuerstuhl erkennst du daran,*
*wie gepflegt die Maschine ist.*

৩৪৩৪৩৪

*Ein Spaziergang am Morgen*
*füllt deine Batterie für den ganzen Tag.*

৩৪৩৪৩৪

*Schaumschläger werden getrieben*
*von ihrer Geltungssucht.*

৩৪৩৪৩৪

*Der erste Schritt ist oft der schwierigste,*
*aber meist auch der wichtigste.*

৩৪৩৪৩৪

*Es gibt nicht nur Frauen mit einem Putzfimmel.*
*Auch Männer unterliegen mitunter diesem Zwang.*

৩৪৩৪৩৪

*Manchmal bin ich wie ein Gong.*
*Ich muss angestoßen werden,*
*um zu zeigen, was ich kann und*
*welche Fähigkeiten in  mir stecken.*

*Beim Malen kommt es nicht nur auf das Ergebnis an,*
*sondern vielmehr auf die Freude und*
*den Spaß am kreativen Tätigsein.*

చ్చచ్చచ్చ

*Einen Grund zum Feiern gibt es immer,*
*selbst wenn man ihn erfinden müsste.*

చ్చచ్చచ్చ

*Keiner kann sich selbst aussuchen, welche Lasten*
*zu tragen ihm im Leben auferlegt werden.*

చ్చచ్చచ్చ

*Jeder muss sein Päckchen tragen.*
*Leichter geht es ohne Klagen.*

చ్చచ్చచ్చ

*Wage einen ersten Schritt mit Ungeduld und etwas Mut*
*und sobald du kannst, gehe weiter.*

చ్చచ్చచ్చ

*Wer schon als Kind lernte,*
*den Wert des Geldes zu schätzen und*
*angemessen damit umzugehen,*
*der kommt auch später damit zurecht.*

*Die Augen eines Künstlers sehen ständig
reale Dinge und Wunder,
die andere übersehen.*

❦❦❦

*Nach der Wende legte mir die Freiheit ihre Ketten an.*

❦❦❦

*Wenn ich in dein Lächeln eintauchen kann,
ist alter Kummer vergessen.*

❦❦❦

*Jede Lüge stirbt zu ihrer Zeit,
auch wenn es manchmal lange dauert.*

❦❦❦

*Jedes Lächeln ist wie ein Pflaster
auf einen wunden Tag.*

❦❦❦

*Gedankengut muss erst reifen, um gut zu werden.*

❦❦❦

*Ein kaltes Herz ist schwerlich zu entflammen.*

*Bevor ich die Lügen eines anderen vergessen könnte,*
*stirbt mein Respekt vor ihm.*

❧❧❧

*Jeder öffne sich den klitzekleinen Freuden,*
*die wortlos an seinen Wegen stehen.*

❧❧❧

*Ein Irrtum kann sehr nützlich sein.*
*Den neuen Impulsen und Einsichten folgt der Erfolg.*

❧❧❧

*Der Workaholic braucht meist professionelle Hilfe,*
*um zur Normalität zurückzufinden.*

❧❧❧

*Wer von anderen nichts erwartet,*
*kann nicht enttäuscht werden.*

❧❧❧

*Du, ich und andere Esel,*
*wir bezahlen manchen Politiker,*
*der anstatt zu handeln Reden hält,*
*in denen er uns gern für dumm verkauft.*

*Diebe und Ausreißer wissen,*
*wie man verschlossene Türen öffnen kann.*

❀❀❀

*Die Sehnsucht ist der Motor, Neues zu wagen.*

❀❀❀

*Der Mangel setzt den Armen übel zu.*
*Um die Reichen macht er einen Bogen.*

❀❀❀

*Beraten darf man einen anderen,*
*wenn er dies möchte,*
*aber nie ihm befehlen.*

❀❀❀

*Erst wächst du, lernst, liest und begreifst,*
*sammelst Erfahrungen, gute und schlechte,*
*treibst auf den Wellen des Lebens auf und nieder.*
*Alt und runzlig geworden wirst du vielleicht weise sein*

❀❀❀

*Wer jegliche Arbeit widerwillig tut, der wird*
*wahrscheinlich nie wieder willig arbeiten wollen.*

*Ich liebe mein Leben auf dieser himmlischen Erde*
*und warte nicht darauf,*
*irgendwann vielleicht in den Himmel zu kommen.*

*Wenn du in der Fremde bist,*
*weißt du, was dir die Heimat ist.*

*Wer Köpfchen, helle weite Gedanken*
*und Fantasie besitzt,*
*für den ist Langeweile ein Fremdwort.*

*Dein Wille ist der Wegweiser zum Ziel.*

*Manch einer würde gern einige seiner Handlungen*
*aus vergangenen Zeiten ungeschehen machen,*
*wenn er könnte. Hinterher ist jeder klüger.*

*Hast du einen Haufen Probleme,*
*so ist vielleicht die Hälfte davon selbstgemacht.*

*Wenn Begeisterung von Herzen kommt,*
*ist sie ansteckend.*

∽∽∽

*Es läuft nicht alles glatt im Leben, aber*
*jeder neueTag ist eine glatte Herausforderung.*

∽∽∽

*Mit falschen Freunden kannst du schneller*
*unter die Räder kommen, als dir lieb ist.*

∽∽∽

*Fantasie und Kreativität kennen keine Grenzen*

∽∽∽

*Manche Leute haben eine Sprachstörung.*
*Die Wörter BITTE und DANKE*
*kommen nicht über ihre Lippen.*

∽∽∽

*Der verlorene Kampf*
*gegen den inneren Schweinehund*
*ist der Bequemlichkeit geschuldet.*

*Das beste Pferd im Stall ist auch nur ein Mensch.*

❦❦❦

*Abschied ist schwer, langsamer Abschied schwerer.*

❦❦❦

*Im Leben gibt es nicht wie im Märchen*
*stets ein Happy End.*

❦❦❦

*Freiheit hat ihren Preis.*

❦❦❦

*Den Tiernamen entlehnte Schimpfwörter*
*sind sehr weit verbreitet,*
*aber sie haben mit diesen Tieren nichts gemein.*

❦❦❦

*Einem Schwerstkranken in seiner Not beizustehen,*
*erfordert vom Pflegenden viel Kraft.*
*Sie wächst ihm durch die Gewissheit,*
*dass sein Tun für den Leidenden in der*
*vertrauten häuslichen Umgebung*
*besser ist, als jede Pflege in einem Heim.*

Gelassenheit, Zufriedenheit und Ruhe in mir selbst
finde ich, wenn ich mich selbst nicht so wichtig nehme
und für den Nabel der Welt halte.

Frustessen macht fett.

Liebeskummer ist mit Sicherheit
der beste Appetitzügler.

Kochen und Backen sind Künste.
Wer sie beherrscht,
muss leider immer mit ansehen,
wie schnell seine Kunstwerke von anderen
mit Appetit vernichtet werden.

Morgens schon unterwegs sein
und die Batterien auffüllen!
Wer das kann, hat mehr vom Tag.

Kein Mensch ist für die Einsamkeit geschaffen.

*Fülle den Teller, iss mit Vergnügen!*
*Am Morgen wie ein König,*
*abends wie ein Bettelmann.*

అఁఆ

*Wer sich von anderen einwickeln lässt,*
*verliert schnell sein Eigenleben.*

అఁఆ

*Wenn das große Erwachen kommt,*
*will's keiner gewesen sein.*

అఁఆ

*Von einer Frau etwas zu lernen,*
*dazu muss ein Mann den Willen aufbringen und*
*sollte sich nicht zu fein dafür sein.*

అఁఆ

*Sobald einer etwas besitzt,*
*wollen es sofort auch die Neider haben.*

అఁఆ

*Soviel du auch Hochprozentiges schluckst und trinkst,*
*am Ende sind deine Sorgen nicht geringer,*
*sondern größer.*

*Flüchtende vertrauen uns, wollen Einlass.*
*Bleibe du zu jeder Zeit Mensch.*
*Stehe denen bei, die uns brauchen.*

ക്ക

*Keiner flieht aus seiner Heimat ohne triftigen Grund.*

ക്ക

*Alle Probleme dieser Welt sind menschengemacht.*

ക്ക

*Ein fröhlicher Gast ist keine Last.*

ക്ക

*Ehe der Elende das Grab fühlt,*
*wartet er umsonst auf Ehre und Erfolg.*

ക്ക

*Materieller Reichtum im Überfluss*
*kann den Charakter verderben.*

ക്ക

*Wer als Arschkriecher groß wird,*
*ist nicht ganz helle, denn er sieht selten das Licht.*

*Seit Jahrhunderten Not, Kriege, Seuchen, Widrigkeiten!*
*Wie könnte ich das vergessen?*
*Wie könnte ich das einem Gott verzeihen?*

❧❧❧

*Kriege kennen keine Sieger.*

❧❧❧

*Freiheit – aber Freiheit für wen?*
*Der einfache kleine Mann steht meist hintenan.*

❧❧❧

*Ehe einer Erfolg hat, muss er vorher Schweiß verlieren.*

❧❧❧

*Wer unverschuldet arm geworden ist,*
*der hält vergeblich Ausschau nach Menschlichkeit.*

❧❧❧

*Einem Menschen zu vertrauen*
*schließt jedes Bevormunden aus.*

❧❧❧

*Zorn darf keine lange Dauer haben.*

Würden die vollen Truhen der Herrschenden und
Reichen geleert, die Armut in der Welt wäre besiegt.

৵৵৵

Zu viele Zeitgenossen tanzen
um das Goldene Kalb.

৵৵৵

Keiner hat Lust,
ständig nach der Pfeife eines anderen zu tanzen.

৵৵৵

Die sich ungern festlegen und
keine eindeutigen Aussagen treffen wollen,
sind Meister im Eiertanz.

৵৵৵

Wer auf allen Hochzeiten tanzen will,
bringt selten etwas Gescheites zustande.

৵৵৵

Langweiler sind dafür bekannt,
dass sie in Gesellschaft immer wieder
ihre alten Hüte präsentieren wollen.

*Auch einer, der gar nicht tanzen kann,*
*muss manchmal bei seinem Chef antanzen.*

❧❧❧

*Für schlechte Laune ist die Zeit zu schade.*

❧❧❧

*Auch Leuten, die vom Schachspiel*
*keine Ahnung haben und die Regeln nicht kennen,*
*gelingt im Leben manchmal ein*
*geschickter Schachzug.*

❧❧❧

*Gegen den Strom zu schwimmen, zeugt von Stärke.*

❧❧❧

*Politiker haben ein feines Leben,*
*wenn sie entlassen werden bzw. ihr Amt niederlegen.*
*Sie haben fürs Alter ausgesorgt.*

❧❧❧

*Wenn du herausfinden willst,*
*ob einer geizig oder nur sparsam ist, ganz einfach:*
*Der Sparsame ist nur geizig zu sich selbst,*
*er macht anderen Geschenke.*

*Sage nicht: Ich bin nur ein kleines Licht,*
*denn viele kleine Lichter machen die Welt hell.*

ぐぐぐ

*Im Alter weiß man: Das Leben ist viel zu kurz.*
*Mensch, ärgere dich nicht!*

ぐぐぐ

*Je älter ich werde, umso gelassener sehe ich*
*das Leben an mir vorüberziehen.*

ぐぐぐ

*Jeder Abend sollte dem nächsten Tag*
*einen heiteren Rahmen vorbereiten.*

ぐぐぐ

*Trauscheine werden unmodern. Es geht auch ohne.*
*Das hat den Vorteil, sich schnell trennen zu können.*

ぐぐぐ

*Ordnung ist das halbe Leben.*
*Die andere Hälfte ist Chaos.*

*Alte Mühlen*
*drehen sich so flink wie die neuen,*
*wenn man ihnen das Wasser lässt.*

⋘⋘⋘

*Erwartungen, Pläne und Hoffnungen*
*zerplatzen oft schneller als ein Luftballon.*

⋘⋘⋘

*Das größte Schnäppchen machst du,*
*wenn du gar nicht erst*
*auf Schnäppchenjagd gehst.*

⋘⋘⋘

*Warte nicht auf einen Goldregen!*
*Er fällt meist nur dort,*
*wo schon ein Haufen Gold liegt.*
*Aber ob er glücklich macht, ist fraglich,*
*denn jeder weiß: Goldregen ist giftig.*

⋘⋘⋘

*Die ersten Blüten am Strauch und*
*das erste Lindgrün an den Bäumen*
*sind so aufregend schön und beglückend*
*und werden ebenso sehnsuchtsvoll erwartet*
*wie der erste Kuss*

*Die Menschen geben der Natur*
*nicht annähernd das zurück,*
*was sie von ihr erhalten.*

శ్రీశ్రీశ్రీ

*In einem Dreiecksverhältnis ist mit Sicherheit*
*irgendwann einer der Verlierer.*

శ్రీశ్రీశ్రీ

*Würde es für jede aufgesammelte Zigarettenkippe*
*einen Cent geben, wären alle Plätze und Wege im Nu*
*sauber, und mancher hätte vielleicht noch die Chance,*
*irgendwann Millionär zu werden.*

శ్రీశ్రీశ్రీ

*Warte nie darauf,*
*bis dir ein  anderer grünes Licht gibt.*
*Versäume keine Zeit, deine Pläne*
*in die Tat umzusetzen. Zögere nicht,*
*auch wenn du anfangs noch nicht weißt,*
*ob dein Vorhaben gelingt oder nicht.*

శ్రీశ్రీశ్రీ

*Wer gern zu Hause die Puppen tanzen lässt,*
*sollte sicher sein, dass es auch*
*seinen Nachbarn recht ist.*

*Ab und zu solltest du einen Ort*
*der Abgeschiedenheit und Stille aufsuchen,*
*um bei dir selbst anzukommen.*

*Wer das Herz auf dem rechten Fleck trägt,*
*ist überall gern gesehen und willkommen.*

*Besucher sind meist nur dann zu ertragen,*
*wenn sie nicht gar zu lange bleiben.*

*Wegsehen löst keine Probleme.*
*Zivilcourage bedeutet, einem Schutzlosen*
*beizustehen, wenn er Hilfe braucht.*

*Wer nicht differenzieren und unterscheiden kann*
*und keine Zwischentöne zulässt oder erkennt,*
*ist im eigenen Schwarz-Weiß-Denken gefangen.*

*Es gibt Leute, die können es mit jeder Ziege*
*im Meckern aufnehmen.*

*Nicht jedes Konzert*
*ist für jedermanns Ohren angenehm.*
*Aber lieber Froschkonzert als Pfeifkonzert.*

❦❦❦

*Ein schöner Gockel gibt sich nicht*
*mit nur einem Huhn zufrieden.*

❦❦❦

*Frösche sind keine Sexmuffel.*
*Aber müssen sie es gleich so laut treiben?*

❦❦❦

*Man muss zu keinem Hund gehen,*
*um vor die Hunde zu gehen.*

❦❦❦

*Der Armleuchter hat es nicht verdient,*
*dass sein Name als Schimpfwort missbraucht wird.*

❦❦❦

*Der Tod ist kein Bauer, obwohl er*
*das ganze Jahr über die Sense schwingt.*
*Mit jedem Bauer kann er es aufnehmen,*
*denn er fährt immer die reichsten Ernten ein.*

*Wen der Schuh drückt,*
*soll dem Schuster nicht zürnen.*

❧❧❧

*Eine Schnapsdrossel gibt sich nie mit Wasser zufrieden,*
*um ihren Brand zu löschen.*

❧❧❧

*Wer sagt, dass er noch nie gelogen hat, der lügt.*

❧❧❧

*Stubenhocker werden nicht geboren, sondern erzogen.*

❧❧❧

*Wenn du mit einer Katze spielst,*
*spielst du immer nur die zweite Geige.*

❧❧❧

*Im Leben muss jeder aufpassen,*
*nicht zum Spielball anderer zu werden.*

❧❧❧

*Wer seine Ohren auf Empfang stellt,*
*hört nicht nur das, was ihm gefällt.*

Man muss kein Zahnarzt sein,
um anderen auf den Zahn fühlen zu können.

~~~

Man sollte nicht erst dann zum Zahnarzt gehen,
wenn man schon auf dem Zahnfleisch kriecht.

~~~

Beim Zahnarzt ist es ein Muss.
Aber du solltest dich auch anderen Ortes trauen,
deinen Mund aufzumachen.

~~~

Wahrheiten und Lügen lassen sich
immer dehnen wie ein Gummiband.

~~~

Auf dem Tisch tanzen ist besser,
als unter dem Tisch liegen.

~~~

Willst du gut schreiben,
dann tauche zuvor deine Fantasie
in faszinierende Farben ein!

*Leichtsinn hat keinen Sinn.*

❦❦❦

*Das Leben ist eine Gleichung mit vielen Unbekannten.*

❦❦❦

*Nicht alle Gottbegnadeten glauben an Gott.*

❦❦❦

*Eine sportliche Höchstleistung ist es,
wenn Unsportliche es schaffen,
vor Freude an die Decke zu springen.*

❦❦❦

*Es gibt mehr offene Fragen als Antworten.*

❦❦❦

*Wenn du ganz tief im Dreck steckst, warte nicht darauf,
dass dich einer aus dem Dreck zieht.
Du musst es selber tun.*

❦❦❦

*Man braucht ein dickes Fell, um im Leben die
unangenehmen Situationen überstehen zu können.*

*Manch eine Schule ist ein irres Tollhaus*
*oder ein tolles Irrenhaus.*

❧❧❧

*Lehrer müssen nicht nur schwer auf Draht sein,*
*sie müssen auch einen guten Draht zu den Kindern*
*und Nerven wie Drahtseile haben.*

❧❧❧

*Erziehungsversäumnisse in der  Familie*
*möchten manche Eltern gern der Schule anlasten.*

❧❧❧

*Bis zu blauen Bergen sind alle Wege weit.*

❧❧❧

*Den Reichen reichen nie die eigenen Kontostände.*

❧❧❧

*Ein warmer Regen kommt jedem gelegen.*

❧❧❧

*Ich kann meine Gedanken aufschreiben,*
*aber sortieren kann ich sie nicht.*